Le petit marché Marabout

TOMATE

les recettes de saison

MARABOUT

SOMMAIRE

QUELQUES VARIÉTÉS

Les tomates sont indispensables en cuisine. Elles sont riches en vitamines et en lycopène, une substance qui aurait des propriétés anticancérigènes.
Les tomates mûries au soleil sont les plus savoureuses. Le parfum de la tomate provient de sa peau, et la chair contient la majeure partie des sucres. En revanche, les pépins et le jus sont 2 fois plus acides que les autres parties de la tomate et peuvent apporter une certaine amertume.
Il peut être parfois nécessaire pour certaines recettes de retirer la peau et les pépins afin d'équilibrer les saveurs. Les tomates sont souvent accompagnées d'huile d'olive, de basilic, de sel et de poivre. L'ail, l'oignon rouge, les fromages doux, l'origan, le romarin, le piment, la viande grillée ou le poisson les accompagnent également très bien.

TOMATE CERISE, MINITOMATE ROMA ET TOMATE COCKTAIL
Il s'agit de 3 variétés de minitomates très parfumées. Elles sont généralement assez sucrées.

KUMATO
Il s'agit d'une variété légèrement sucrée à la peau noire, qui est moins répandue. Elle est parfaite pour ajouter une couleur et une texture supplémentaires à une salade de tomates.

TOMATE RONDE
Il s'agit de la variété que l'on trouve habituellement au supermarché. Elle est souvent meilleure lorsqu'elle est cuite, par exemple en sauce.

TOMATE GRAPPE
Cette variété est très parfumée et possède une chair rouge vif. Elle est souvent plus chère que les autres variétés.

TOMATE VERTE
Il s'agit d'une tomate qui n'est pas mûre mais qui peut être consommée frite ou grillée.

PRÉPARER ET CUISINER LES TOMATES

PELER

Retirez le pédoncule en creusant un petit cône au sommet de la tomate. Incisez en croix la base de la tomate sans entamer la chair. Plongez la tomate dans l'eau bouillante pour 1 minute, puis retirez-la à l'aide d'une écumoire. Plongez-la dans un saladier d'eau froide, puis glissez un couteau sous la peau, au niveau de la croix, et retirez-la. Pour peler une tomate crue, utilisez un épluche-légumes.

ÉPÉPINER

Coupez la tomate en deux puis pressez-la et retirez les pépins. Si vous souhaitez séparer le jus des pépins, effectuez cette tâche au-dessus d'une passoire. Le jus ainsi récupéré peut être ajouté à la recette, mais ne conservez pas les pépins amers.

CRUES

La tomate crue peut être utilisée de nombreuses façons : salade, condiment, sandwich, mélangée à du fromage frais, ou coupée en dés et ajoutée à des pâtes ou sur une tranche de pain grillée.

MIJOTER

Faites cuire les tomates à feu doux pour préparer une sauce à mélanger avec des pâtes ou pour réaliser d'autres recettes italiennes.

CONSERVER

Gardez les tomates à température ambiante pendant 4 jours à partir du moment où elles sont bien mûres. Le froid diminue leur parfum et les empêche de mûrir.

CONGELER

Les tomates peuvent être congelées. Pelez-les, épépinez-les et hachez-les avant de les congeler. Vous les ajouterez à vos plats cuisinés. Elles se conservent 6 à 8 mois au congélateur.

SAUCE TOMATE

Faites chauffer **2 c. à s. d'huile d'olive** dans une grande casserole. Faites fondre **1 petit oignon jaune** finement haché et **1 gousse d'ail** écrasée en remuant.
Ajoutez **2 kg de tomates mûres** pelées, épépinées et grossièrement hachées et **15 g de feuilles de basilic**. Faites cuire 5 minutes en remuant, jusqu'à ce que les tomates commencent à fondre. Portez à ébullition. Baissez le feu puis laissez mijoter 40 minutes à couvert, en remuant de temps en temps, jusqu'à ce que la sauce épaississe.

KETCHUP

Faites revenir **1 gros oignon** détaillé en gros cubes dans **1 c. à s. d'huile d'olive** en remuant vivement. Ajoutez **2 c. à s. de cassonade**, **1,8 kg de tomates fraîches** pelées et concassées, **½ c. à c. de poivre de la Jamaïque** et **½ c. à c. de sel au céleri**. Portez à ébullition, puis réduisez le feu et laissez épaissir 30 minutes sans couvrir, en remuant de temps en temps. Incorporez **2 c. à s. de concentré de tomate** et **80 ml de vinaigre de vin blanc**. Faites cuire encore 5 minutes, sans couvrir. Mixez la sauce avant de la passer au chinois au-dessus d'un récipient. Servez-la froide.

SAUCE BOLOGNAISE

Faites chauffer **1 c. à s. huile d'olive** dans une grande casserole puis faites revenir **125 g prosciutto** jusqu'à ce qu'il soit croustillant.
Ajoutez **2 oignons hachés**, **1 carotte**, **2 bâto[ns] de céleri** coupés en dés, et **2 gousses d'ail**, poursuivez la cuisson 10 minutes, en remuant jusqu'à ce que les légumes soient cuits. Ajout[ez] **500 g de veau** et **500 g de porc** hachés, faite[s] revenir 10 minutes, jusqu'à ce que la viande s[oit] légèrement dorée. Versez **250 ml de vin roug[e]** **375 ml de bouillon de bœuf**, portez à ébulliti[on]. Incorporez **70 g de concentré de tomate** et **1 [...] de tomates pelées**, couvrez puis faites cuire l[e] tout 2 heures à feu doux. Incorporez **1 botte d[e] basilic** et **2 c. à s. d'origan**, 5 minutes avant l[a] fin de la cuisson. Assaisonnez à votre goût.

SAUCE BARBECUE

Portez à ébullition **250 ml de sauce tomate**, **125 ml de vinaigre de cidre**, **60 ml de sauce Worcestershire**, **150 g de cassonade**, **2 c. à [...] de moutarde douce**, **1 petit piment rouge fr[ais]** émincé, **1 gousse d'ail** écrasée et **1 c. à s. de jus de citron** dans une casserole, puis laissez mijoter 20 minutes sans couvrir, en remuant de temps en temps. Préparez cette sauce la veille (les arômes auront le temps de se développer) et conservez-la au réfrigérateur, dans un bocal.

BLOODY MARY

5 MIN DE PRÉPARATION

POUR 1 VERRE
150 g de glaçons
60 ml de vodka
10 ml de jus de citron
¼ de c. à c. de Tabasco
½ c. à c. de raifort
1 trait de sauce Worcestershire
1 pincée de sel au céleri
150 ml de jus de tomate
poivre du moulin
1 tronçon de céleri

1- Mettez les glaçons dans un verre haut, ajoutez la vodka, le jus de citron, le Tabasco, le raifort, un trait de sauce Worcestershire, le sel au céleri et le jus de tomate. Remuez pour mélanger.

2- Donnez quelques tours de moulin à poivre et décorez de 1 tronçon de céleri.

BRUSCHETTAS JAMBON, TOMATE ET AVOCAT

5 MIN DE PRÉPARATION - 20 MIN DE CUISSON

POUR 2 PERSONNES

2 tomates coupées en deux

1 pincée de sucre

2 tranches de pain

½ avocat coupé en dés

50 g de jambon déchiqueté

1 - Préchauffez le four à 180 °C. Mettez dans un petit plat les tomates saupoudrées de sucre. Faites-les cuire 20 minutes au four.

2 - Faites griller les tranches de pain et répartissez dessus quelques dés d'avocat, le jambon et les moitiés de tomate grillées.

BRUSCHETTAS TOMATES-BOCCONCINIS

5 MIN DE PRÉPARATION

POUR 2 PERSONNES

½ baguette

100 g de tomates cerises coupées en tranches épaisses

50 g de bocconcinis coupés en tranches fines

10 g de jeunes pousses de roquette

1 c. à s. de basilic frais ciselé

2 c. à c. d'huile d'olive

1- Fendez la baguette en deux et faites-la griller sur les 2 faces.

2- Répartissez sur chaque moitié de baguette les tomates cerises, les bocconcinis, la roquette et le basilic.

3- Arrosez d'huile d'olive et dégustez sans attendre.

TOASTS FETA, AVOCAT ET TOMATE

15 MIN DE PRÉPARATION - 15 MIN DE CUISSON

POUR 4 PERSONNES

8 tranches de pain aux noix de 1 cm d'épaisseur, grillées

250 g de feta émiettée

30 g de pousses de roquette

1 avocat moyen coupé en fines tranches

TOMATES RÔTIES

2 c. à s. de vinaigre balsamique

2 c. à s. d'huile d'olive

2 gousses d'ail écrasées

8 tomates olivette moyennes coupées en deux

1- Préparez les tomates rôties. Préchauffez le four à 240 °C. Mélangez le vinaigre, l'huile d'olive et l'ail dans un bol. Déposez les tomates dans un plat allant au four, face coupée vers le haut, puis arrosez-les de la préparation au vinaigre balsamique. Faites-les rôtir environ 15 minutes.

2- Garnissez les tranches de pain grillées de miettes de feta, de pousses de roquette, de tomates rôties et de tranches d'avocat. Arrosez le tout du jus de cuisson des tomates.

FRITTATAS À LA TOMATE,
FETA ET PANCETTA

10 MIN DE PRÉPARATION - 25 MIN DE CUISSON

POUR 6 FRITTATAS

6 tranches de pancetta coupées en morceaux

100 g de feta émiettée

20 g de parmesan finement râpé

15 g de basilic grossièrement haché

6 œufs

160 ml de crème fraîche

9 tomates cerises coupées en deux

1- Préchauffez le four à 180 °C. Huilez un moule à muffins de 6 alvéoles (contenance 180 ml). Garnissez le fond des alvéoles de papier sulfurisé.

2- Alternez les couches de pancetta, de feta, de parmesan et de basilic dans les alvéoles du moule.

3- Dans un saladier, fouettez ensemble les oeufs et la crème fraîche. Versez ce mélange dans les alvéoles. Déposez 3 moitiées de tomate sur chaque frittata.

4- Enfournez pour 25 minutes. Laissez reposer 5 minutes avant de démouler.

AVOCATS FARCIS À LA TOMATE

15 MINUTES DE PRÉPARATION

POUR 4 PERSONNES

2 gros avocats

2 grosses tomates épépinées et finement hachées

1 petit oignon rouge finement haché

2 c. à s. d'huile d'olive

2 c. à s. de jus de citron vert

2 c. à s. de coriandre fraîche finement hachée

¼ de c. à c. de Tabasco

1- Coupez les avocats en deux. Retirez les noyaux. À l'aide d'une cuillère à soupe, sortez les moitiés d'avocat en les conservant intactes.

2- Mélangez le reste des ingrédients dans un saladier.

3- Remplissez les avocats avec le mélange de tomates puis servez.

GASPACHO DE TOMATES GRILLÉES

10 MIN DE PRÉPARATION - 10 MIN DE CUISSON - 3 H DE RÉFRIGÉRATION

POUR 4 PERSONNES

3 poivrons rouges moyens

huile pour vaporiser

6 tomates moyennes coupées en deux

1 oignon rouge moyen coupé en rondelles épaisses

4 gousses d'ail non pelées

2 miniconcombres épépinés et grossièrement hachés

2 c. à s. de vinaigre de vin

400 ml de coulis de tomate

60 ml d'eau froide

1 c. à s. de persil plat finement haché

1- Préchauffez le gril. Coupez les poivrons en quatre puis retirez les graines et les membranes blanches. Faites-les griller côté peau sous le gril, jusqu'à ce que celle-ci noircisse. Couvrez les poivrons 5 minutes puis retirez la peau. Hachez-les grossièrement.

2- Pendant ce temps, faites chauffer un gril à rainures et vaporisez-le très légèrement d'huile. Faites cuire les tomates, l'oignon et les gousses d'ail, en les retournant régulièrement. Laissez tiédir l'ail avant de le peler.

3- Mixez au robot ou au blender les poivrons, les tomates, l'oignon, l'ail, les concombres, le vinaigre et le coulis de tomate, en plusieurs fois, jusqu'à ce que le gaspacho soit onctueux. Versez dans un grand saladier, couvrez et placez au réfrigérateur pour 3 heures, ou jusqu'à ce qu'il soit froid.

4- Ajoutez l'eau au gaspacho. Au moment de servir, parsemez le gaspacho de persil haché.

SOUPE À LA TOMATE ET AU FENOUIL

15 MIN DE PRÉPARATION - 45 MIN DE CUISSON

POUR 4 PERSONNES

2 c. à s. d'huile d'olive

300 g de fenouil grossièrement coupé

300 g d'oignons grossièrement coupés

2 gousses d'ail coupées en quatre

1 kg de tomates coupées en quatre

750 ml de bouillon de légumes

4 tranches de pain de campagne sans la croûte

1- Préchauffez le four à 180-190 °C.

2- Dans un faitout huilé, faites revenir le fenouil, les oignons et l'ail, en remuant, puis ajoutez les tomates et le bouillon. Portez à ébullition. Laissez ensuite frémir 15 minutes à couvert, en remuant de temps en temps. Retirez le couvercle et laissez frémir encore 15 minutes, jusqu'à ce que les tomates s'écrasent en purée.

3- Coupez le pain en cubes. Mettez-le dans la lèchefrite et badigeonnez-le d'huile. Laissez dorer les croûtons 10 minutes au four pour qu'ils soient croustillants.

4- Mixez la soupe et passez-la dans un tamis fin. Réchauffez-la rapidement avant de la servir avec les croûtons.

SALADE DE TOMATES BICOLORE

5 MIN DE PRÉPARATION

POUR 8 PERSONNES

400 g de tomates cerises ou raisins

250 g de tomates poires jaunes coupées en deux

1 petite botte de basilic à petites feuilles effeuillée

2 c. à s. de vinaigre balsamique

1 - Mélangez tous les ingrédients dans un saladier.

SALADE DE POMMES DE TERRE RÔTIES
AU POULET

20 MIN DE PRÉPARATION - 40 MIN DE CUISSON

POUR 4 PERSONNES

750 g de pommes de terre charlotte avec la peau

1 c. à s. d'huile d'olive

4 tranches de bacon sans couenne grossièrement hachées

250 g de tomates cerises coupées en deux

2 concombres épépinés et émincés

1 minisalade romaine effeuillée

425 g de chair de poulet rôti en petits cubes

SAUCE AUX HERBES

1 c. à s. de vinaigre de vin blanc

1 c. à s. de jus de citron

1 gousse d'ail écrasée

80 ml d'huile d'olive

2 c. à c. de basilic frais finement haché

2 c. à c. d'origan frais finement haché

1- Préchauffez le four à 200 °C et huilez légèrement une plaque de cuisson.

2- Coupez chaque pomme de terre en 6 quartiers et mettez-les dans un récipient, avec l'huile d'olive. Remuez et étalez-les en une seule couche sur la plaque de cuisson. Faites-les cuire au four environ 40 minutes.

3- Pendant ce temps, faites griller le bacon dans une poêle antiadhésive huilée, en remuant, jusqu'à ce qu'il soit croustillant. Égouttez-le sur du papier absorbant.

4- Préparez la sauce aux herbes en mélangeant tous les ingrédients dans un shaker pour sauce à salade.

5- Mettez les pommes de terre et le bacon dans un grand saladier, avec les tomates, les concombres, la salade et le poulet. Versez la sauce aux herbes et mélangez.

SALADE DE FÈVES ET RISONIS
AUX TOMATES CERISES

15 MIN DE PRÉPARATION - 30 MIN DE CUISSON

POUR 4 PERSONNES

1 kg de fèves fraîches écossées ou 500 g de fèves surgelées

250 g de risonis

1 c. à s. d'huile d'olive

3 oignons de printemps émincés

2 gousses d'ail émincées

60 ml de jus de citron

1 bouquet de menthe grossièrement ciselée

500 g de tomates cerises coupées en deux

1 c. à s. de sucre roux

80 g de parmesan en copeaux

1- Faites cuire les fèves puis égouttez-les. Rincez-les sous l'eau froide et égouttez-les de nouveau. Pelez-les.

2- Faites cuire les risonis dans de l'eau bouillante salée avant de les égoutter.

3- Faites chauffer l'huile dans une casserole et faites revenir l'oignon et l'ail. Quand l'oignon est tendre, ajoutez les risonis, les fèves, le jus de citron et la menthe. Remuez pour bien mélanger puis versez le tout dans un plat.

4- Mettez les tomates dans la casserole avec le sucre et faites-les cuire 5 minutes, en remuant de temps en temps pour éviter qu'elles attachent. Quand elles sont juste tendres, mettez-les sur la salade de risonis. Décorez de copeaux de parmesan et servez aussitôt.

SALADE CAPRESE AUX FIGUES

10 MIN DE PRÉPARATION

POUR 4 PERSONNES

4 belles tomates coupées en fines rondelles

4 belles figues fraîches coupées en fines lamelles

25 petits bocconcinis égouttées et coupées en fines tranches

½ petit oignon rouge émincé

quelques feuilles de basilic frais

2 c. à s. d'huile d'olive

1 c. à s. de vinaigre balsamique

1- Disposez les rondelles de tomate, de figue et de bocconcino sur un plat, en cercle.

2- Garnissez d'oignon et de basilic, puis nappez avec l'huile d'olive mélangée au vinaigre balsamique.

SALADE DE TOMATES AUX BOCCONCINIS

15 MIN DE PRÉPARATION

POUR 4 PERSONNES

4 petites tomates vertes coupées en fines rondelles

4 petites tomates Kumato coupées en fines rondelles

4 petites tomates grappe coupées en fines rondelles

4 bocconcinis coupées en fines tranches

15 g de basilic frais coupé en lanières

2 c. à s. d'huile d'olive

1 c. à s. de vinaigre balsamique

1 - Disposez les tomates, le fromage et le basilic, en les alternant, sur le plat de service. Arrosez-les d'huile d'olive et de vinaigre.

FARFALLES AU POULET,
AUX ÉPINARDS & AUX TOMATES

10 MIN DE PRÉPARATION - 15 MIN DE CUISSON

POUR 4 PERSONNES

375 g de farfalles
1 c. à s. d'huile d'olive
1 oignon jaune moyen finement haché
1 gousse d'ail écrasée
625 g de blancs de poulet grossièrement hachés
150 g de jeunes pousses d'épinard
200 g de ricotta
1 œuf
2 c. à c. de zeste de citron finement râpé
2 c. à s. de jus de citron
200 g de tomates en grappes coupées en deux
20 g de parmesan finement râpé

1- Faites cuire les pâtes dans une grande casserole d'eau bouillante, puis égouttez-les.
2- Faites chauffer l'huile d'olive dans une sauteuse, puis faites revenir l'oignon et l'ail. Ajoutez le poulet et faites-le cuire 5 minutes à feu moyen, en remuant.
3- Dressez les pâtes et la préparation au poulet dans un grand saladier de service, avec les jeunes pousses d'épinard, la ricotta mélangée à l'œuf, le zeste et le jus de citron, ainsi que les tomates.
4- Parsemez de parmesan avant de servir.

DHANSAK VÉGÉTARIEN

20 MIN DE PRÉPARATION - 50 MIN DE CUISSON

POUR 6 PERSONNES

500 g d'aubergines coupées en morceaux

500 g de potiron pelé et coupé en cubes

300 g de tomates pelées et coupées en quatre

500 g d'oignons émincés

400 g de pois chiches en boîte, égouttés

400 g de lentilles brunes en boîte, égouttées

1 c. à s. de garam masala

1 poignée de coriandre fraîche ciselée

400 g de riz basmati

2 c. à c. d'huile végétale

1 citron coupé en quatre

PÂTE MASALA

3 petits piments rouges séchés

2 grands piments verts

10 g de gingembre frais coupé en quatre

3 gousses d'ail coupées en quatre

1 poignée de coriandre

1- Mixez les ingrédients de la pâte masala avec 2 cuillerées à soupe d'eau chaude pour obtenir un mélange homogène.

2- Plongez dans 750 ml d'eau les aubergines, le potiron, les tomates et 200 g d'oignons. Portez à ébullition, couvrez et laissez frémir 15 minutes. Égouttez les légumes en réservant 375 ml de liquide de cuisson.

3- Mélangez dans un saladier la moitié des pois chiches, la moitié des lentilles et la moitié des légumes cuits. Écrasez-les grossièrement.

4- Faites revenir à sec le garam masala et la pâte masala dans une cocotte. Ajoutez la purée écrasée et le reste des pois chiches, des lentilles et des légumes. Versez le liquide de cuisson réservé et portez à ébullition puis laissez frémir 20 minutes, en remuant. Ajoutez la coriandre hors du feu.

5- Faites cuire le riz puis égouttez-le bien. Pendant la cuisson du riz, laissez fondre le reste des oignons 10 minutes dans l'huile. Répartissez-les sur le dhansak et servez ce dernier avec le riz et les quartiers de citron.

RISONIS AUX ÉPINARDS
& AUX TOMATES SÉCHÉES

5 MIN DE PRÉPARATION - 25 MIN DE CUISSON

POUR 4 PERSONNES

30 g de beurre

2 oignons moyens émincés

3 gousses d'ail écrasées

500 g de risonis

1 litre de bouillon de poule

125 ml de vin blanc sec

150 g de tomates séchées à l'huile, coupées en deux

100 g de pousses d'épinard

25 g de parmesan finement râpé

1- Faites fondre le beurre dans une grande casserole et faites revenir l'oignon et l'ail en remuant, jusqu'à ce qu'ils dorent. Ajoutez les risonis et mélangez bien pour les enrober de beurre. Versez le bouillon et le vin, puis portez à ébullition.

2- Baissez le feu et laissez mijoter, sans cesser de remuer, jusqu'à absorption complète du liquide. Les risonis doivent être al dente. Incorporez délicatement les tomates, les épinards et le fromage.

RIZ COMPLET AUX TOMATES SÉCHÉES,
AMANDES ET OLIVES

15 MIN DE PRÉPARATION - 1H DE CUISSON

POUR 4 PERSONNES

750 ml de bouillon de légumes

2 c. à c. d'huile d'olive

1 petit oignon haché

300 g de riz complet

1 c. à c. de zeste de citron vert râpé

1 gousse d'ail écrasée

45 g d'amandes effilées légèrement grillées

100 g de tomates séchées coupées

60 g d'olives noires coupées

1 grosse poignée de basilic frais ciselé

1 petite poignée de persil plat ciselé

ASSAISONNEMENT

2 c. à s. de jus de citron vert

2 c. à s. de vinaigre de vin blanc

2 gousses d'ail écrasées

2 c. à c. de moutarde

1- Portez le bouillon à ébullition. Réduisez le feu, couvrez et laissez frémir.

2- Dans un faitout, faites fondre l'oignon dans l'huile en remuant puis ajoutez le riz, le zeste de citron et l'ail. Mélangez bien.

3- Versez le bouillon et portez à ébullition. Baissez le feu, couvrez et laissez frémir 50 minutes. En fin de cuisson, le riz doit être tendre et le liquide complètement absorbé.

4- Préparez l'assaisonnement en mélangeant tous les ingrédients dans un shaker pour sauce à salade.

5- Ajoutez dans le faitout les amandes, les tomates séchées, les olives et le basilic. Versez l'assaisonnement et remuez délicatement. Servez le riz tiède parsemé de persil.

CAKE AUX TOMATES SÉCHÉES

15 MIN DE PRÉPARATION - 50 MIN DE CUISSON

POUR 8 PERSONNES

200 g de tomates séchées

3 œufs

100 ml d'huile d'olive

100 ml de lait demi-écrémé

180 g de farine

100 g de gruyère râpé

50 g de câpres

2 poignées de basilic haché

1 sachet de levure chimique

sel, poivre

1- Préchauffez le four à 180 °C.

2- Coupez les tomates en morceaux.

3- Beurrez et farinez un moule à cake.

4- Dans un saladier, battez légèrement les œufs avec l'huile et le lait. Ajoutez la farine, le gruyère, les tomates, les câpres et le basilic. Salez et poivrez. Mélangez. Incorporez délicatement la levure. Versez la pâte dans le moule et enfournez aussitôt.

5- Faites cuire 50 minutes. Avant de démouler, laissez le cake refroidir un peu.

PAIN ITALIEN

25 MIN DE PRÉPARATION - 50 MIN DE CUISSON

POUR 8 PERSONNES

250 g de pommes de terre bintje pelées et coupées en morceaux

30 g de beurre fondu

300 g de farine avec levure incorporée

250 ml de lait

60 g d'olives vertes dénoyautées et coupées en rondelles

75 g de tomates séchées conservées dans l'huile, grossièrement hachées

100 g de mozzarella râpée

1- Préchauffez le four à 200 °C. Huilez un moule à cake rectangulaire de 14 x 21 cm. Chemisez-le de papier sulfurisé, en laissant celui-ci dépasser de 5 cm sur les 2 petits côtés.

2- Faites cuire les pommes de terre à l'eau, à la vapeur ou au micro-ondes, puis égouttez-les.

3- Dans un saladier, réduisez-les en purée, en incorporant progressivement le beurre pour obtenir une préparation homogène.

4- Ajoutez la farine, le lait, les olives, les tomates séchées et le fromage, et mélangez bien le tout. Transférez cette préparation dans le moule et faites cuire 50 minutes au four, jusqu'à ce que le pain soit cuit.

TARTELETTES CAPRESE

10 MIN DE PRÉPARATION - 20 MIN DE CUISSON

POUR 4 PERSONNES

2 rouleaux de pâte feuilletée

3 tomates moyennes coupées en fines rondelles

6 bocconcinis égouttés, coupés en fines tranches

1 c. à s. de sauce au vinaigre balsamique

½ botte de basilic grossièrement haché

25 g de parmesan en copeaux

1- Préchauffez le four à 220 °C. Huilez 2 plaques de cuisson.

2- Découpez chaque pâte feuilletée en 2 rectangles et déposez-les sur les plaques. Repliez la pâte de sorte à former des bords de 1 cm de largeur, appuyez dessus et piquez avec une fourchette. Faites cuire 15 minutes environ, jusqu'à ce que la pâte soit dorée. Aplatissez le centre des rectangles en appuyant dessus avec une spatule.

3- Garnissez les fonds de tartelettes avec des tomates et des bocconcinis, puis poursuivez la cuisson 3 minutes environ, jusqu'à ce que le fromage ait fondu. Assaisonnez.

4- Servez ces tartelettes arrosées de sauce balsamique et parsemées de basilic et de parmesan.

PIZZAS AU JAMBON,
À LA TOMATE ET À LA ROQUETTE

10 MIN DE PRÉPARATION - 10 MIN DE CUISSON

POUR 2 PERSONNES

2 grandes pitas à la farine complète

2 c. à s. de concentré de tomate

150 g de jambon coupé en dés

250 g de tomates cerises coupées en deux

¼ de petit oignon rouge émincé

80 g de ricotta

30 g de roquette

2 c. à s. de basilic ciselé

1- Préchauffez le four à 200 °C.

2- Mettez les pitas sur des plaques de cuisson et couvrez-les de concentré de tomate. Répartissez dessus le jambon, les tomates et l'oignon. Ajoutez des cuillerées de ricotta.

3- Faites cuire 10 minutes au four, puis décorez de roquette et de basilic.

FLAN À LA TOMATE,
À LA COURGETTE ET À L'ORIGAN

10 MIN DE PRÉPARATION - 35 MIN DE CUISSON

POUR 2 PERSONNES

125 g de tomates cerises
1 œuf
3 blancs d'œufs
65 g de fromage frais
1 gousse d'ail écrasée
1 petite courgette grossièrement râpée
2 c. à s. de feuilles d'origan hachées
30 g de jeunes pousses d'épinard

1- Préchauffez le four à 200 °C. Chemisez de papier sulfurisé un moule à cake de 8 x 21 cm.

2- Faites cuire les tomates 10 minutes dans le moule.

3- Pendant ce temps, fouettez l'œuf, les blancs d'œufs, le fromage frais et l'ail dans un saladier.

4- Sortez le moule du four et baissez la température à 160 °C.

5- Répartissez la courgette et l'origan sur les tomates, versez dessus la préparation à l'œuf. Faites cuire 25 minutes, jusqu'à ce que le flan soit ferme.

6- Servez le flan avec les jeunes pousses d'épinard.

NOTE

Ce flan se consomme chaud ou froid et peut se préparer la veille. Gardez-le au réfrigérateur.

TARTES TATIN À LA TOMATE

50 MIN DE PRÉPARATION - 15 MIN DE CUISSON

POUR 6 PERSONNES

9 petites tomates fermes
30 g de beurre
1 gousse d'ail écrasée
1 c. à s. de sucre brun
2 c. à s. de vinaigre balsamique
2 rouleaux de pâte feuilletée
1 œuf légèrement battu
huile végétale
6 brins de basilic frais

SAUCE À LA CRÈME

20 g de beurre
2 échalotes finement hachées
240 ml de crème fraîche
80 ml d'eau

1- Préchauffez le four à 200 °C. Coupez les tomates en quatre. Retirez le cœur et les pépins. Faites fondre le beurre et l'ail dans une poêle. Ajoutez le sucre et le vinaigre, puis remuez jusqu'à dissolution du sucre. Disposez les quartiers de tomate dans la poêle et laissez-les cuire 5 minutes à couvert. Les tomates doivent être légèrement caramélisées. Retournez-les à mi-cuisson.

2- Huilez 6 moules à tartelette. Découpez 6 disques de pâte de la taille des moules. Répartissez les quartiers de tomate dans les moules, puis mettez en place les disques de pâte en les pressant sur les parois. Badigeonnez d'œuf battu, enfournez et laissez cuire environ 15 minutes pour que la pâte soit dorée.

3- Pendant ce temps, faites chauffer l'huile dans une petite casserole. À l'aide d'une pince en métal, faites frire un à un les brins de basilic dans l'huile pendant 30 secondes pour qu'ils soient croustillants. Égouttez-les sur du papier absorbant.

4- Pour préparer la sauce à la crème, faites fondre le beurre avec les échalotes dans une casserole pendant 3 minutes. Ajoutez la crème fraîche et faites-la chauffer à feu doux. Incorporez l'eau en fin de cuisson, sans cesser de remuer. Retirez du feu dès que la sauce est bien chaude et répartissez aussitôt sur les assiettes. Démoulez les tartes sur la sauce et décorez de basilic frit.

Crédits photographiques : © Shutterstock/Pippa West (gardes), © Shutterstock/Elenadesign (p. 10) ; © Shutterstock/Igor Klimov (p. 11-gauche) ; © Shutterstock/Daniel J. Heinlin (p. 11-droite).

Mise en pages : emigreen.com

Édité par Hachette Livre 43, quai de Grenelle 75905 Paris Cedex 15.
Achevé d'imprimer en mars 2012 par Graficas Estella, Espagne.

ISBN : 978-2-501-07919-8
41.0919.5
Dépôt légal : avril 2012
Edition 02